自力旅游出国

バスに揺られて
自力で保定
Tabisuru CHINA 008
鉄道と路線バスで
保定と清西陵

Asia City Guide Production

【白地図】北京から保定へ

CHINA
保定

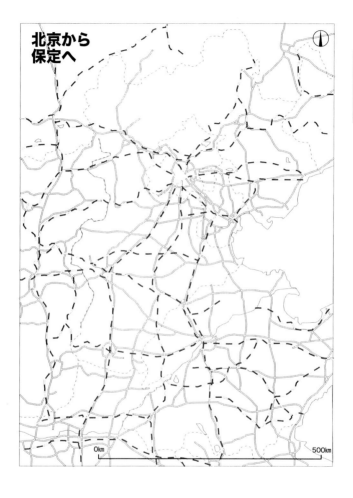

【白地図】北京市街

CHINA
保定

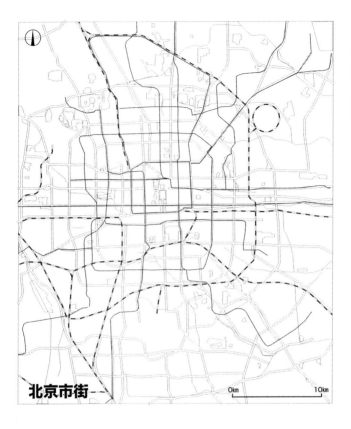

【白地図】北京駅

CHINA
保定

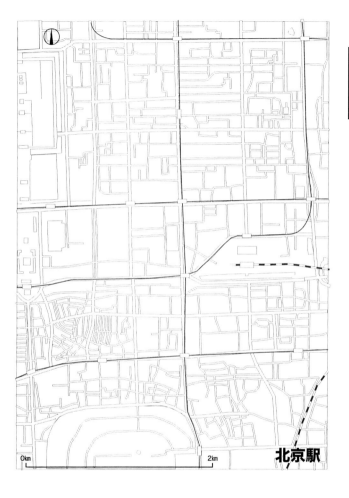

【白地図】永定門バスターミナル

CHINA
保定

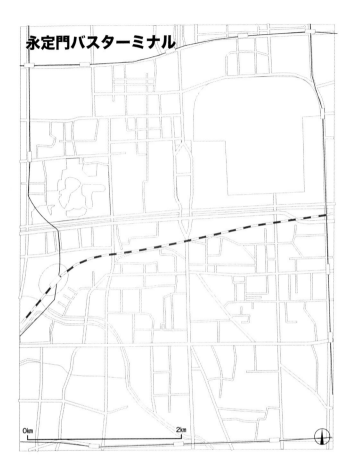

【白地図】北京西駅

CHINA
保定

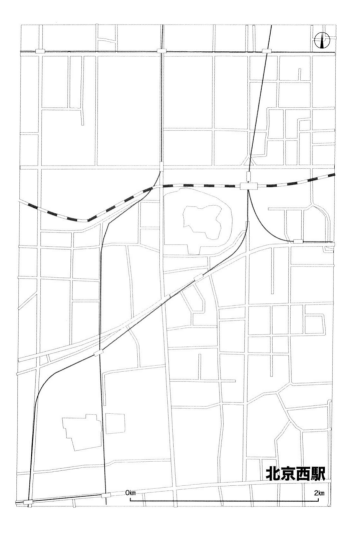

Baoding 白地図

北京西駅

【白地図】保定5大エリア

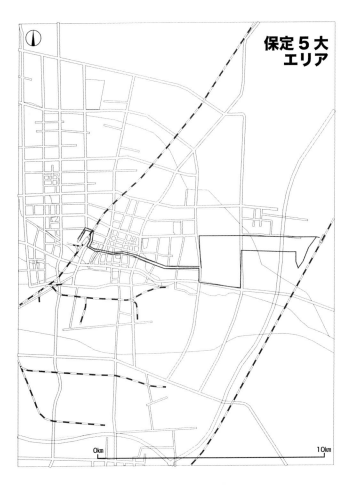

保定5大エリア

Baoding

白地図

【白地図】保定旧城

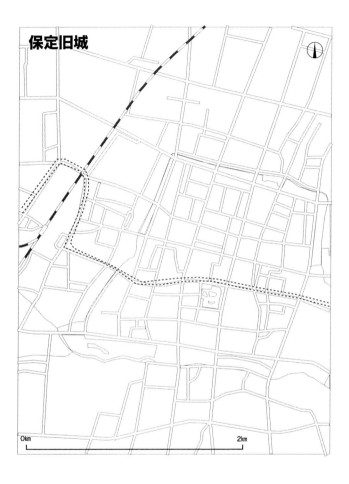

保定旧城

Baoding 白地図

【白地図】保定新市街

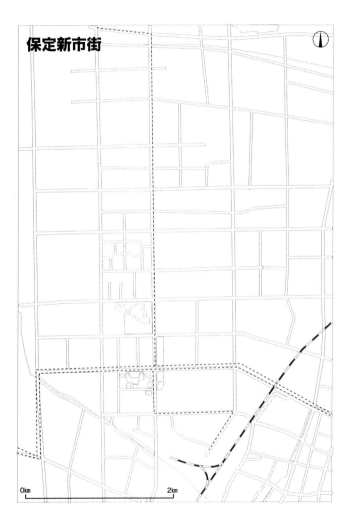

【白地図】保定中心

CHINA
保定

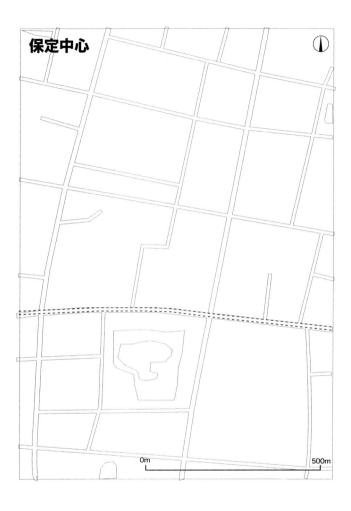

【白地図】保定から満城漢墓へ

CHINA
保定

保定から満城漢墓へ

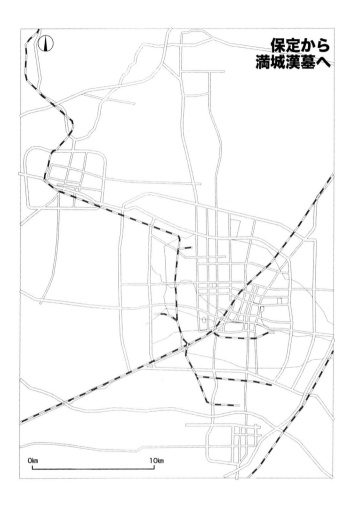

Baoding｜白地図

【白地図】保定と清西陵

CHINA
保定

保定と清西陵

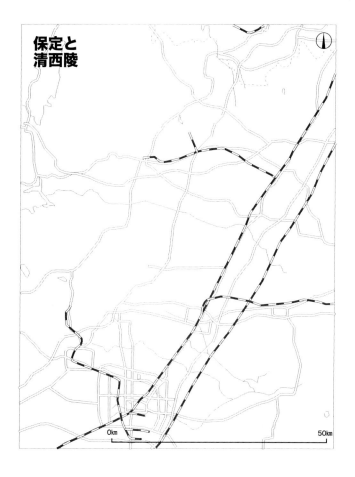

【白地図】易県

CHINA
保定

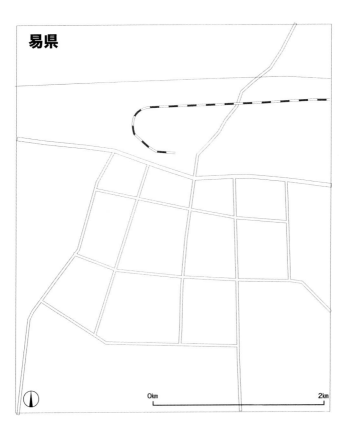

【白地図】清西陵

清西陵

易県と清西陵

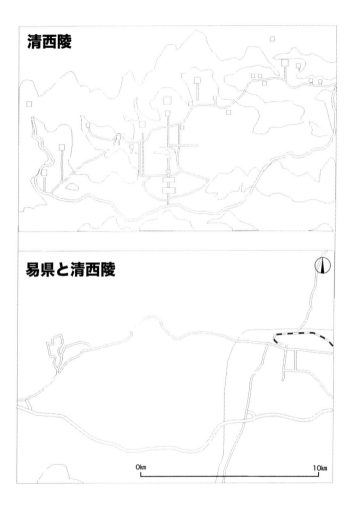

【旅するチャイナ】
001 バスに揺られて「自力で長城」
002 バスに揺られて「自力で石家荘」
003 バスに揺られて「自力で承徳」
004 船に揺られて「自力で普陀山」
005 バスに揺られて「自力で天台山」
006 バスに揺られて「自力で秦皇島」
007 バスに揺られて「自力で張家口」
008 バスに揺られて「自力で邯鄲」
009 バスに揺られて「自力で保定」
010 バスに揺られて「自力で清東陵」

CHINA
保定

北京を中心に「X」を書くと、右下に「天津」、右上に「承徳」、左上に「張家口」、左下に「保定」が位置します。これらは北京から140〜170km程度離れた街で、いずれも明清時代の北京と深い関わりをもつことで知られます。

港町で直轄市の「天津」、世界遺産避暑山荘と外八廟を抱える「承徳」、万里の長城が走る遊牧世界との接点の「張家口」。上記3つの街にくらべて、「保定」は日本人にとってなじみの薄い街かもしれません。そこだけエアポケットのように旅行情報があまりない街でもあります。

Tabisuru CHINA 009 自力で保定
バスに揺られて

　けれども、実際に保定を訪れると、見どころたくさん。郊外の「清西陵」や「満城漢墓」も入れると、華北有数の由緒正しい街であることを実感できます。明治維新以後の日本史にも登場する李鴻章や袁世凱。こうした直隷総督をつとめた人物の治所だったのが保定なのです。それでは路線バスでゆく保定へみなさまをご案内したいと思います。

【自力旅游中国】

Tabisuru CHINA 009 自力で保定

目次

- 自力で保定 …………………………………………………… xxviii
- 保定どんなとこ？ …………………………………………… xxxii
- 北京や各地から保定へ ……………………………………… xxxviii
- ざっくり保定を把握 ………………………………………… xlix
- 保定市街アクセス情報 ……………………………………… lv
- 歩いて保定にふれよう ……………………………………… lxix
- 満城漢墓行ってみよう ……………………………………… lxxix
- 清西陵行ってみよう ………………………………………… lxxxvii
- さあ北京へ帰ろう …………………………………………… cv
- あとがき ……………………………………………………… cix

【MEMO】

保定 どんな とこ？

CHINA
保定

明清時代は河北（直隷）省随一の都
旅行情報のあまりない街ですが
保定はこんなところです

保定ってどこにある？

保定は北京と河北省の省都石家荘とのちょうど中間に位置します。そして北京を頂点として正三角形を描くと、右側の天津に対応するように左側の頂点に位置します。そして、北京へも、天津へも、150km圏内であるという保定が、今、注目されているのです。理由は、「京津冀（北京と天津と河北省）」の一体化によって現れる大首都圏構想にあたって、有利な立地条件をもつからです。保定に副都心を！！　そんな声もしばしば聞こえてくるようです。

Baoding 保定どんなとこ？

保定はいつから？？

中国には古い歴史をもつ街が多く、2000年続く街もめずらしくありません。そうしたなかで、保定が重要な街として台頭するのは、北宋（960〜1127年）時代のことになります。960年に保塞軍がおかれ、981年に保州となり、「国境近くの要衝」となるのです。保定が国境？？　というのは唐末から勢力を伸ばしたモンゴル族契丹の遼（916〜1125年）は北中国にも領土を広げ、北宋時代には「（北京と大同をふくむ）燕雲十六州」は北方民族の遼のものとなり、保定は漢族の北宋の北辺にあたったのでした。「隋・唐・宋・元」と世界史

CHINA
保定

で習う中国王朝の変遷も、実は北京に宋代はなく、「(北京の場合) 隋・唐・遼・(金)・元」となるようです。

昔の河北省の省都

さて、この保定がさらに輝きを増すのは、北京に都がおかれた元 (1271～1368年) 代以降のことです。元・明・清と中国の王朝は北京を都としました。地図を広げてみてみると、北京は中国のなかでもかなり北東に偏っていることがわかります。そのため、保定は北京から南中国をうかがうのにより有利な街という地勢をもったのです。「保定＝北京南大門」

▲左　保定行きの列車内にて、満員状態でも物売りはやってくる。　▲右　かつては直隷省の省都がおかれていた保定旧城

という言葉もそこに由来しています。また、それを裏づけるように、現在の保定旧城や古蓮花池は元代につくられたもので、清（1616〜1912年）代、保定は直隷総督の坐する直隷省省都の地位にありました（直隷省は、北京をぐるりととり囲む近畿地方＝現在の河北省で、中国各省のなかでももっとも格式の高い省でした）。この「直隷省の省都」ということは、今もって保定を語るときに必ずと言っていいほどもち出されます。1949年の中華人民共和国成立後、直隷省は河北省と名を変えますが、1968年に石家荘に省都が遷る以前は、この保定が河北省の省都だったのです。

【MEMO】

北京から保定へ

Baoding | 保定どんなとこ？

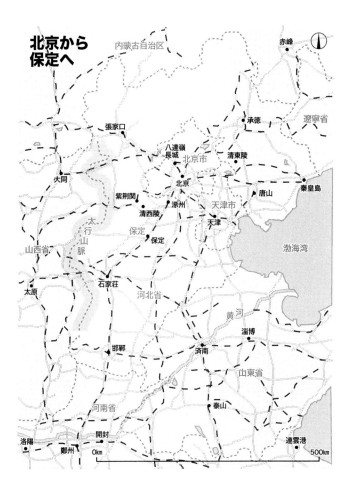

北京や各地から保定へ

CHINA 保定

保定に行くには北京から
石家荘から、天津から
アクセスは悪くありません

北京から保定

・鉄道で。北京駅〜保定駅。所要1時間40分〜2時間半程度。頻発

・高鉄（中国版新幹線）で。北京西駅〜保定東駅。所要40分程度。頻発

・通常の鉄道は保定中心部の保定駅に着くが、高鉄（中国版新幹線）は保定東郊外の保定東駅に着く。そこから路線バスに乗らなくてはならないため、他区間ほど高鉄の利便性は感じない

・バスで。北京南駅から北東に徒歩600m、8分の永定門バ

スターミナル（永定門客運站）、もしくは木樨園バスターミナル（木樨園客运站）から。所要2～2時間半程度。頻発

石家荘から保定

・鉄道で。石家荘駅～保定駅。所要1～2時間程度。頻発

・高鉄で。石家荘駅～保定東駅。所要45分程度。頻発

・バスで。石家荘バスターミナル（石家庄客运总站）～保定バスターミナル（保定客运中心站）。所要2時間半程度。1時間に1本程度

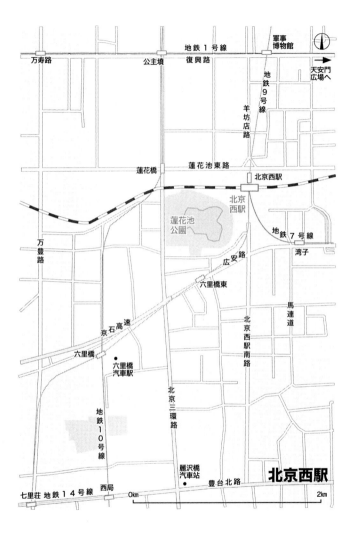

CHINA
保定

天津から保定

・鉄道で。天津駅〜保定駅。所要3時間半〜4時間程度。1日数本
・バスで。天津バスターミナル（天津通莎中心站）〜保定バスターミナル（保定客运中心站）。所要2時間半程度。1日数本
・便数を考えると、北京からのアクセスのほうが断然よい

今回のルート

ここで今回の旅程をご紹介します。河北省邯鄲からバスで石家荘、石家荘から鉄道で保定を訪れました。路線バスとタク

Baoding ― 北京や各地から保定へ

シー、徒歩で保定旧城をまわり、また同じく路線バスとタクシーを組み合わせて、満城漢墓と清西陵を旅しました。そのとき清西陵のある易県（保定市易県）に1泊したのですが、調査時点ではこの街にはいわゆる外国人向けホテルが1軒しかなく、外国人は基本的にそこに泊まらされるようでした（今は事情は変わっているからもしれません）。そして、易県で清西陵を見てから、翌日、北京方面に向かって旅しました。そのため、このレポートでは、1，実際に路線バスに乗った情報、2，駅やバス停で調べた情報、3，公式ホームページなどで確認した伝聞情報の3つから構成されます。

我想去保定

[見せる中国語]
wǒ xiǎng qù bǎo dìng
ウォシィアンチュウバオディン
私は保定に行きたい

我想去丽泽客运站

[見せる中国語]
wǒ xiǎng qù lì zé kè yùn zhàn
ウォシィアンチュウ
リイザァアカアユゥンヂィアン
私は麗沢バスターミナル(清西陵)
に行きたい

【MEMO】

ざっくり
保定を
把握

どこに観光地があって
どこに泊まる？？
保定をざっくり紹介

ふたつの保定

保定の街は、大きくふたつにわかれます。明清時代以来の保定旧城、それから保定駅の北西側にある保定新市街です。直隷総督署、古蓮花池、大慈閣など保定の見どころは保定旧城にあり、高級ホテルや外資系企業は新市街にあるイメージです。そのため、観光旅行でホテルをとるなら、旧城側を選ぶことをおすすめします。保定滞在にあたって、新市街側にホテルをとったのですが、観光にはかなり不便でした。

保定5大エリア

保定の街歩きにあたって、ポイントとなる保定5大エリアです。まずは街の玄関口となっている鉄道の「保定駅」、続いて観光地の集まる「古蓮花池」、清西陵などへのバスターミナルの「客運中心」、新市街の中心部に立つ「万博広場」、中国版新幹線こと高鉄の停まる「保定東駅」の5つです。なかでも旅人的に重要なのは、「保定駅」「古蓮花池」「客運中心」で、「客運中心」は保定市街から少し離れていますので、ぜひとも路線バスに乗りたいところです。

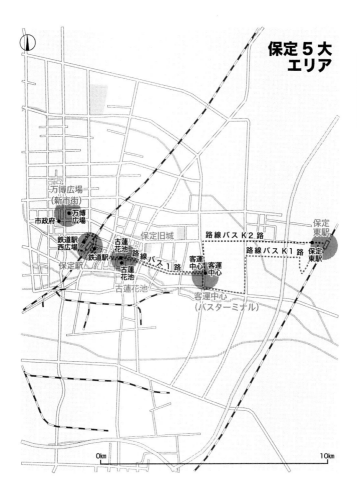

保定5大エリア

Baoding | ざっくり保定を把握

51

CHINA
保定

保定東駅～保定市街の移動

もしも中国版新幹線(高鉄)を利用して保定を訪れる場合は、保定から東郊外に 10 ㎞ほど離れた「保定東駅」に着きますので、路線バスで市街部へ移動しなくてはなりません。大体移動時間 30 分を見ておけば大丈夫でしょう。そのため、北京～保定間を普通の鉄道で移動して所要 1 時間 40 分～ 2 時間半程度、高鉄で移動して 40 分程度なのですが、北京～保定のように比較的近い距離を乗るのであれば高鉄の旨味があまりないかもしれません。「保定東駅」から「古蓮花池」や「保定駅」方面に行くのであれば路線バス K1 路、「保定東駅」

▲左　古蓮花池あたりには屋台も多く出ている。　▲右　江南の景色をこの地に再現したのだという

から「客運中心」に行く場合は路線バスK2路にご乗車ください。

【MEMO】

保定市街
アクセス
情報

保定のバスターミナルは
市街から少し離れています
路線バスに乗って移動しましょう

いま保定駅

→【つぎ古蓮花池】路線バス1路で「鉄道駅（火车站）」か「鉄道駅西広場（火车站西广场）」から「古蓮花池（古莲花池）」

→【つぎ客運中心】路線バス1路で「鉄道駅（火车站）」か「鉄道駅西広場（火车站西广场）」から「客運中心（客运中心）」

→【つぎ万博広場（新市街）】路線バス106路で「鉄道駅西広場（火车站西广场）」から「市政府（市政府）」

→【つぎ保定東駅】路線バスK1路で「鉄道駅（火车站）」か「鉄道駅西広場（火车站西广场）」から「保定東駅（保定东站）」

CHINA
保定

いま古蓮花池

→【つぎ保定駅】路線バス1路で「古蓮花池（古莲花池）」から「鉄道駅（火车站）」か「鉄道駅西広場（火车站西广场）」

→【つぎ客運中心】路線バス1路で「古蓮花池（古莲花池）」から「客運中心（客运中心）」

→【つぎ万博広場（新市街）】路線バス35路で「古蓮花池（古莲花池）」から「万博広場（万博广场）」

→【つぎ保定東駅】徒歩300m東の「北国商城（北国商城）」へ。路線バスK1路で「北国商城（北国商城）」から「保定東駅（保定东站）」

Baoding 保定市街アクセス情報

いま客運中心

→【つぎ保定駅】路線バス1路で「客運中心（客运中心）」から「鉄道駅（火车站）」か「鉄道駅西広場（火车站西广场）」

→【つぎ古蓮花池】路線バス1路で「客運中心（客运中心）」から「古蓮花池（古莲花池）」

→【つぎ万博広場(新市街)】路線バス101路で「客運中心（客运中心）」から「市政府（市政府）」

→【つぎ保定東駅】路線バスK2路で「客運中心（客运中心）」から「保定東駅（保定东站）」

いま万博広場(新市街)

→【つぎ保定駅】路線バス106路で「市政府(市政府)」から「鉄道駅西広場(火车站西广场)」

→【つぎ古蓮花池】路線バス35路で「万博広場(万博广场)」から「古蓮花池(古莲花池)」

→【つぎ保定東駅】ひとまず路線バス106路で「市政府(市政府)」から「鉄道駅西広場(火车站西广场)」。そこからK1路で「保定東駅(保定东站)」

→【つぎ客運中心】路線バス101路で「市政府(市政府)」から「客運中心(客运中心)」

▲左　食は生活の中心「劉氏野味鮮」。　▲右　大慈閣上部からの眺め

いま保定東駅

→【つぎ保定駅】路線バスK1路で「保定東駅（保定东站）」から「鉄道駅（火车站）」か「鉄道駅西広場（火车站西广场）」

→【つぎ古蓮花池】路線バスK1路で「保定東駅（保定东站）」から「北国商城（北国商城）」へ。そこから徒歩300m西

→【つぎ客運中心】路線バスK2路で「保定東駅（保定东站）」から「客運中心（客运中心）」

→【つぎ万博広場（新市街）】ひとまず路線バスK1路で「保定東駅（保定东站）」から「鉄道駅西広場（火车站西广场）」。そこから路線バス106路で「市政府（市政府）」

保定

[アクセス情報] 路線バス 1 路
・【客運中心→鉄道駅西広場 6:00 〜 23:30】【鉄道駅西広場→客運中心 6:00 〜 23:00】
・客運中心 客运中心〜東康荘村 东康庄村〜罐頭廠 罐头厂〜玉蘭大街路口 玉兰大街路口〜気象局 气象局〜職工医学院 职工医学院〜省医院 省医院〜工人宿舎 工人宿舍〜工人文化宮 工人文化宫〜大慈閣小区 大慈阁小区〜北国商城 北国商城〜古蓮花池 古莲花池〜保百大楼 保百大楼〜市郵政局 市邮政局〜鉄道駅 火车站〜鉄道駅西広場 火车站西广场

保定市街アクセス情報 Baoding

[アクセス情報] 路線バス K1 路

・【鉄道駅西広場→保定東站 7:00 ～ 18:00】【保定東站→鉄道駅西広場 7:00 ～ 18:00】

・鉄道駅西広場 火车站西广场～鉄道駅 火车站～保百大楼 保百大楼～北国商城 北国商城～省医院 省医院～玉蘭大街路口 玉兰大街路口～客運中心 客运中心～営房 营房～付村 付村～大堤口村 大堤口村～保定東站 保定东站

CHINA
保定

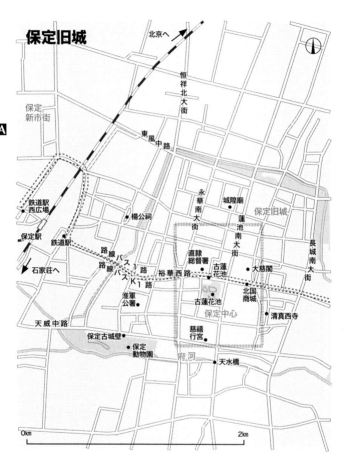

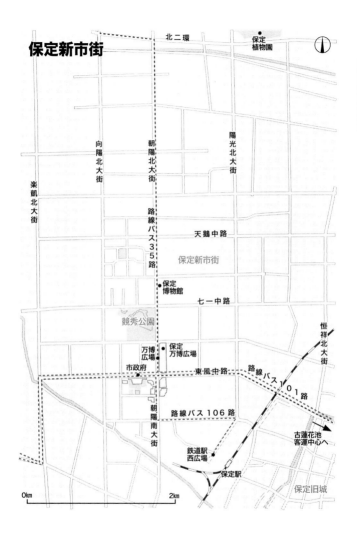

我想去
火车站

[見せる中国語]
wǒ xiǎng qù huǒ chē zhàn
ウォシィアンチュウ
フゥオチャアヂィアン
私は保定鉄道駅に行きたい

我想去
古莲花池

[見せる中国語]
wǒ xiǎng qù gǔ lián huā chí
ウォシィアンチュウ
グウリィアンフウアチイ
私は古蓮花池に行きたい

我想去
客运中心

[見せる中国語]
wǒ xiǎng qù kè yùn zhōng xīn
ウォシィアンチュウ
カアユゥンチョンシン
私は客運中心（バスターミナル）に行きたい

我想去
万博广场

[见せる中国语]
wǒ xiǎng qù wàn bó guǎng chǎng
ウォシィアンチュウ
ワァンボオグゥアンチャアン
私は万博広場（新市街）
に行きたい

我想去
保定东站
(高铁站)

[見せる中国語]
wǒ xiǎng qù bǎo dìng dōng zhàn
ウォシィアンチュウ
バオディンドォンヂィアン
私は保定東駅に行きたい

歩いて
保定に
ふれよう

保定旧城の中心部
見どころがぎゅぎゅっと
つまっています

歩いて感じた旧省都の事情

最初に1968年まで保定が河北省の省都だったと記しましたが、現在の河北省省都は石家荘となっています。調査時は、石家荘から保定にやってきましたので、街を歩いてみて保定から石家荘に省都が遷った理由が少しわかった気がします。というのは、保定旧城はとにかく街区規模が小さく、慢性的な交通渋滞が起こっているのです。一方の石家荘は街区規模が大きいため、車が縦横無尽に走っていました。こうした経済活動の観点からすると、保定旧城は省都としてはちょっときつくなったのかな？　と思ったものでした（そのため、新

CHINA
保定

たに保定新市街がつくられています)。

保定歩いてスイスイ

一方で、保定旧城はごみごみ、がやがやしていますので、街歩きがとても楽しいという一面があります。とくに直隷総督署、古蓮花池、大慈閣の保定三大見どころは1か所に集まっていて、観光がとても楽ちんです。そのほかにも、胡同や古い街並みが残っているため、是非とも保定旧城は歩いて観光していただきたいと思います。こうした事情から保定で路線バスに乗るのは、清西陵や清西陵へのアクセスポイントの「客

▲左　曽国藩、李鴻章、袁世凱といった人びとゆかりの直隷総督署。　▲右 保定文化の中心地だった古蓮花池

運中心」に行くとき、新市街と旧城間を移動するときがメイン。あとは歩いてしまいましょう。ちなみに保定駅から古蓮花池までは徒歩1700m、22分の距離です。

保定ベスト5

保定を訪れたなら、外したくない観光地ベスト5です。古蓮花池の北入口を中心に、いずれも半径300m以内に位置しますので、サクッと観光できることでしょう。

CHINA
保定

1，大慈閣
2，直隷総督署
3，古蓮花池
4，西大街
5，穿行楼街

上記のほかにも、天主堂、鐘楼がすぐそばに立っていますのでこちらもチェックしてください。上位3つの観光地はいずれも朝8時、8時半から夕方17時ごろまで開館しています。

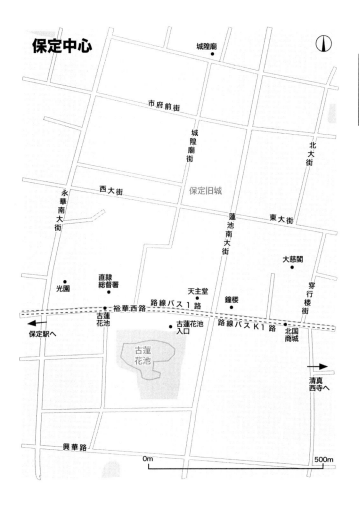

CHINA
保定

［DATA］**大慈閣** 大慈阁 dà cí gé ダアツウガア

・10元

［DATA］**直隷総督署** 直隶总督署
zhí lì zǒng dū shǔ チイリイズォンドゥシュウ

・32元

［DATA］**古蓮花池** 古莲花池
gǔ lián huā chí グウリィアンフウアチイ

・30元

[見せる中国語]
wǒ xiǎng qù dà cí gé
ウォシィアンチュウダアツウガア
私は大慈閣に行きたい
我想去大慈阁

[見せる中国語]
wǒ xiǎng qù zhí lì zǒng dū shǔ
ウォシィアンチュウ
チイリイズォンドゥシュウ
私は直隷総督署に行きたい
**我想去
直隶总督署**

[見せる中国語]
wǒ xiǎng qù gǔ lián huā chí
ウォシィアンチュウ
グウリィアンフウアチイ
私は古蓮花池に行きたい
我想去
古莲花池

【MEMO】

満城漢墓
行って
みよう

2000年前の漢の時代
中山国が保定から石家荘あたりにありました
満城漢墓はその王さまのお墓です

満城漢墓へ

実は、満城漢墓へは朝一番にタクシーに乗っていきました。保定から往復で50元ほどで、満城漢墓の観光中は待機していてもらったのです。そのため、これから記す情報は、保定の「客運中心」で調べた情報となっていますので、あらかじめご了承ください。保定の「客運中心」から「満城」行きのバスは、始発6時20分〜終バス17時24分まで、1日68本のバスが出ていました。細かい時刻などは変動するでしょうが、大体1時間に5〜6本と頻繁に出ているようです。ただし、満城バスターミナルから満城漢墓までは3.5 kmほど離れてお

り、もしも保定からのバスが満城バスターミナルどまりだった場合は、路線バス満城8路に乗り換えて「満城汽車站(満城バスターミナル)」の次の駅が「満城漢墓」となります(中国の口コミ情報では、保定「客運中心」から「満城漢墓」まで直接行けるという情報もありましたが、未確認情報です)。保定と満城のあいだは21km、大体、30分〜1時間程度で着くことでしょう。

満城漢墓は何がすごい？？

「世紀の発見」の言葉とともに語られることのある満城漢墓。

保定から満城漢墓へ

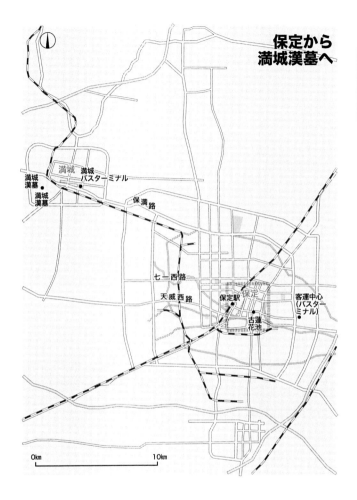

Baoding

満城漢墓行ってみよう

CHINA
保定

満城漢墓は一体、何がすごいのでしょう？　満城漢墓はその名の通り、漢代の王さまの陵墓で、1968年に偶然、「発見」されました。墓の主は、中山靖王劉勝（漢の皇帝から封建された諸侯王）。三国志の劉備玄徳がその子孫だと、名乗った王さまです。中山靖王劉勝の墓からは、多くの副葬品が出土したほか、王は2498枚の「玉札」を、重さ1100グラムの「金糸」で綴じつけた「金縷玉衣」をまとっていたのです。この発掘は、それまでほとんど知られていなかった前漢時代の王の陵墓の様式を現代によみがえらせるものだったというのです。

▲左　6000点以上の出土品があったという。　▲右　金縷玉衣が王の身体をおおっていた

[DATA] 満城漢墓 满城汉墓
mǎn chéng hàn mù マンチャァンハァンムウ

・満城漢墓景区 10 元＋満城漢墓（劉勝と竇綰墓）50 元

・朝 8 時半〜夕方 17 時

コースターもある

満城漢墓は高さ 235.8m の陵山上部に横穴式で掘られた陵墓となっています。そのため、「索道」と言われるロープウェイと、「滑道」と呼ばれるコースターも用意されています。くだりの際、このコースターに乗ってみたのですが、カーブ

のときに「滑道」からコースターが飛び出してしまうんじゃないか、というほどスピードが出たので、始終ブレーキをしっかりしつつ、ゆっくりと陵山をくだりました。

開くのは人次第

この満城漢墓の開場にあたって、ひとつ中国的だなあ、と個人的に思ったことを記しておきます。満城漢墓の開放時間は朝8時半〜夕方17時とされています。ただし、調査時では朝8時に景区のチケット売り場は開いていて、チケットを買って、墓のある山頂へと訪れました。そして、満城漢墓（劉

Baoding　満城漢墓行ってみよう

▲左　満城漢墓のチケット売り場、景区と墓の２種類のチケットを買う。
▲右　あたりには景勝地が点在する

勝の１号墓と、竇綰の２号墓）が開くのを待っていたのです。８時半近くになると、掃除のかたがやってきて、またしばらくすると売店のかたがやってきます。その度に「もう開くのか？」と質問してみたのですが、「まあ、待っていろ」と言われます。最後に８時半ごろ、満城漢墓のカギをもっている係のかたがやってきて、カチャリと墓へのカギを開けていきました。というのは、日本と違って、中国の場合は、「何時になったら開く」というのじゃなくて、「あの人が来たら開く」という「人が中心」になっている場合が多いからです。

[見せる中国語]
wǒ xiǎng qù mǎn chéng hàn mù
ウォシィアンチュウ
マンチャァンハァンムウ
私は満城漢墓に行きたい

我想去
满城汉墓

清西陵行ってみよう

最高の風水をもつ立地にある
世界遺産の清西陵
4人の清朝皇帝陵墓が残っています

保定から清西陵行ってみよう

続いて清西陵です。清西陵への起点は易県になりますので、保定から易県行きのバスに乗る必要があります。保定市街東部の「客運中心」から「易県」行きの便が出ています（朝6時〜夕方17時半ごろまで）。易県にはいくつかのバスターミナルがあるようでしたが、この際、はっきりと「清西陵へ行きたい（我想去清西陵）」と言ったほうがよさそうです。清西陵へのアクセス拠点は易県市街にある「易県バスターミナル（易県汽車站）」となっています。

保定

ところですごい道だった

調査時点では保定の「客運中心」から「易県」への路程はかなりすごいものでした。乗ったのは普通のバスよりやや小さいミニバスでした。まず、ミニバスは「客運中心」を出発したあとも、なかなか保定を出発しません。というのは、保定にある各地のバス乗り場をまわりながら、乗客が満員になるのを待っているのです。あっちへ行ったり、こっちへ行ったり。その時間なんと1時間。そしてミニバスの座席が埋まってようやく易県に向かって出発するのです。ところで、保定から易県へはどんな道を通ることになるのか？？　地図で見

Baoding 清西陵行ってみよう

▲左　皇帝を意味する黄色の瑠璃瓦がふかれている。　▲右　保定の客運中心、ここが清西陵へのアクセス・ポイントとなる

てみると保定方面と北京を結ぶ国道4号線（京石高速）や国道5号線（京昆高速）が走っていて、そのあいだに易県が位置します。ところがミニバスは、そんな立派な道路は走らず、山道、あぜ道の省道232号線を進んでいったのです。地図でバス停を確認しながら、乗車していましたが、この省道232号線の保定側は山道でスピードが出せません。けど、峠を越えると、一気に易県が近くなるという道のりでした。乗車時間は1時間30分ほど。保定を出発するのに1時間待たされましたので、乗車してからは2時間半ほどの所要時間でした。ただし清西陵のホームページなどを見る限りでは、この山道

ルート以外の路線もあるようです。

北京から清西陵へ

北京から清西陵へ向かうかたも多いと思いますので、易県バスターミナルで調べた情報を記したいと思います。北京から清西陵へ行くのも同様に、易県が起点になります。北京市街南西部、地鉄10号線西局から徒歩1000m、13分の麗沢バスターミナル（丽泽客运站）から易県行きのバスに乗りましょう。そして、着いた「易県バスターミナル（易県汽車站）」が清西陵への足がかりとなります。所要時間は2～2時間半とのこと。

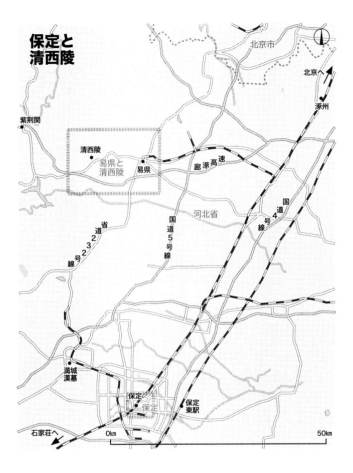

保定

易県からが問題だ

易県は小さな街ですが、一応、外国人向けホテルもありました。易県では、北京行きにしろ、保定行きにしろ、清西陵にしろ、「易県バスターミナル（易県汽車站）」がアクセスポイントとなっています。易県から清西陵への路線バスも出ているのですが、本数が少なく、清西陵内を移動しなくてはならないことから、タクシーを100元でチャーターしました。清西陵の中心の「泰陵」、地下宮殿のある「崇陵」、3つある石牌坊など、世界遺産の清西陵は見どころもいっぱいです。

易県

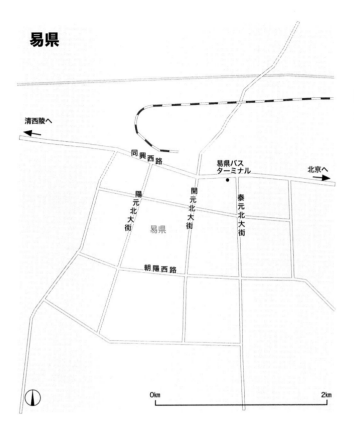

▲左 龍の浮き彫りが見える。 ▲右 清西陵は清東陵に対応するように北京郊外に位置する

清西陵ベスト3

1，地下宮殿が見られる崇陵

2，清西陵の中心の泰陵

3，回音壁のある昌西陵

欄外，3つあるパワフルな石牌坊

清西陵

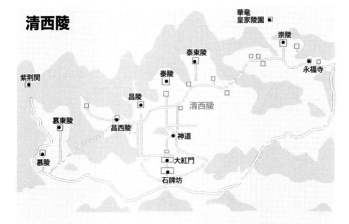

易県と清西陵

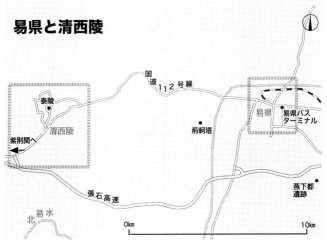

CHINA
保定

[DATA] 清西陵 清西陵 qīng xī líng チィンシイリィン

・夏季＝朝8時〜夕方17時半、冬季＝朝8時半〜夕方17時

・泰陵、崇陵、昌西陵、慕陵、永福寺の共通券＝120元

・泰陵＝45元

・崇陵＝45元

・昌西陵＝20元

・慕陵＝20元

・永福寺＝15元

・全長7.5km、景区内の5つの駅を結ぶ、電動カートもあり

▲左　清西陵内を走る三輪タクシー。　▲右　中国人家族が観光に訪れていた

自力で清西陵へ行くなら9路

易県から清西陵へ自力で路線バスに乗って行く場合は、「易県バスターミナル（易県汽車站）」から9路に乗ります。崇陵や泰陵に停まるようですが、本数が少ないのがやや難点。まず清西陵の中心にあたる泰陵まで9路で行き、そこから三輪タクシーなどを使うという手もあります。清西陵で外したくない泰陵と崇陵は5kmほど離れていますので、歩いていくのはほぼ不可能。旅では、石牌坊と泰陵のあいだは歩くけど、泰陵と崇陵のあいだはタクシーに乗るといった臨機応変さが重要ですよね。

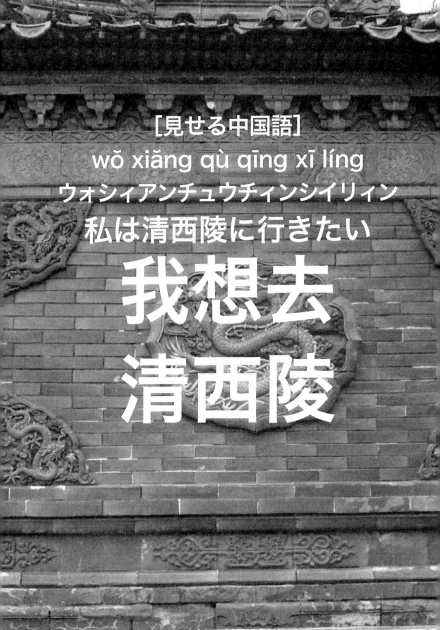

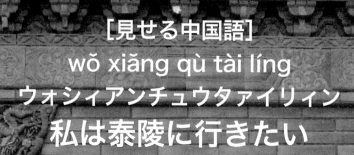

[見せる中国語]
wǒ xiǎng qù tài líng
ウォシィアンチュウタァイリィン
私は泰陵に行きたい
我想去泰陵

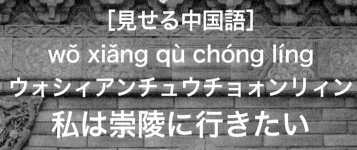

［見せる中国語］
wǒ xiǎng qù chóng líng
ウォシィアンチュウチョゥンリィン
私は崇陵に行きたい

我想去
崇陵

[見せる中国語]
wǒ xiǎng qù chāng xī líng
ウォシィアンチュウチャアンシイリィン
私は昌西陵に行きたい

我想去昌西陵

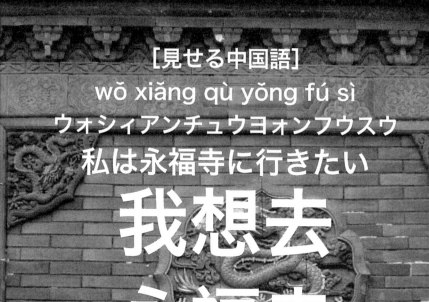

さあ
北京へ
帰ろう

清西陵を観光したら
北京（やほかの街）に移動しましょう
清西陵、易県とも夜は早いです

西陵鎮にはいくつかの店がある

清西陵のそばにある村を（清西陵からとられた）西陵鎮と呼びます。この地には満州族の清朝の伝統を受け継ぐ満州料理店はじめ料理店がいくつか見られましたので、食事にはそこまで困らないことでしょう。また三輪タクシーが待機するなど、必要最低限な観光するための手段はあるようでした。実際に清西陵を訪れたときは、「易県バスターミナル（易県汽車站)」で猛烈な客引きの勧誘を受けましたので、旅行者相手の商売をしている人はそんなに少なくないという印象でした。

CHINA
保定

北京へ、保定へ

さて清西陵観光が終わったら、北京へ帰りましょう。調査時、易県に1泊したのですが、易県は外国人が泊まるにはやや厳しい環境かもしれません。そのため、できるだけ早く、北京に帰りたいものです。北京に18時には着いていたいので、易県を遅くても15時ごろ出るというイメージだとよいでしょう。

Baoding｜さあ北京へ帰ろう

▲左　易県の夕暮れ、なるべく早く北京に戻りたい。　▲右　清西陵は世界遺産、最高の風水をもつ地に築かれた

[アクセス情報] 易県から北京、保定へ

・「易県バスターミナル(易県汽車站)」から北京「麗沢バスターミナル（丽泽客运站）」

・所要2〜2時間半程度

[見せる中国語]
wǒ xiǎng qù běi jīng
ウォシィアンチュウベェイジィン
私は北京に行きたい

我想去北京

あとがき

　清西陵を観光したあと、河北省易県に宿泊し、翌日、北京方面へと向かいました。周口店や潭柘寺など、北京郊外には魅力的な観光地がいくつもあります。そして、こうした北京周辺部では遊牧生活を送る人びとの姿を目にすることもできたのです。世界最先端を行く北京CBDや三里屯と、遊牧生活を送る人びとの併存。これが中国の首都北京という場所かもしれません。

　世界を旅する旅人のみなさまのなかには、購入した旅行ガ

CHINA
保定

イドを、必要なページだけやぶったり、別の旅行ガイドの必要箇所をコピーして、自分だけのオリジナル旅行ガイドをつくって旅するかたも多いのではないでしょうか？　私も同様に、1冊の旅行ガイドに導かれて旅をするというスタイルではなく、自分が旅行したい場所を旅行し、そのための資料を書籍やネットなどから集めてオリジナルの旅行ガイドをつくってもっていくというスタイルで旅してまいりました。

　これまでもあった、自分の好みや必要に応じた旅行情報をもっていく、という旅行スタイルはスマホ時代に入ってより鮮明になってきていると言えそうです。優れた旅行情報を発

あとがき

信なさっている旅人などのブログやTwitterを拝見していると、このかたはどういうふうに情報を集めて旅行なさっているんだろう？　と思い、また今後、スマホ時代にあわせたどのような旅行ガイドサービスが登場するのだろう？　とワクワクしています。

2015年9月17日　たきざわ旅人

参考資料

保定旅游(中国語)http://bdlyzx.bdlyj.gov.cn/
保定市旅游局(中国語)http://bdlyzw.bdlyj.gov.cn/
保定市公交总公司(中国語)http://www.bdbus.cn/web/
保定客运汽车总站(中国語)http://www.bdqczz.com/
古莲花池(中国語)http://www.glhc.org.cn/
清西陵官网(中国語)http://www.qingxiling.com/
中国・易县(中国語)http://www.yizhou.gov.cn/
[PDF] 保定 STAY(ホテル&レストラン情報)http://machigotopub.com/pdf/baodingstay.pdf

まちごとパブリッシングの旅行ガイド

Machigoto INDIA , Machigoto ASIA , Machigoto CHINA

【北インド - まちごとインド】

001 はじめての北インド
002 はじめてのデリー
003 オールド・デリー
004 ニュー・デリー
005 南デリー
012 アーグラ
013 ファテープル・シークリー
014 バラナシ
015 サールナート
022 カージュラホ
032 アムリトサル

【西インド - まちごとインド】

001 はじめてのラジャスタン
002 ジャイプル
003 ジョードプル
004 ジャイサルメール
005 ウダイプル
006 アジメール(プシュカル)
007 ビカネール
008 シェカワティ
011 はじめてのマハラシュトラ
012 ムンバイ
013 プネー
014 アウランガバード
015 エローラ
016 アジャンタ
021 はじめてのグジャラート
022 アーメダバード
023 ヴァドダラー(チャンパネール)
024 ブジ(カッチ地方)

【東インド - まちごとインド】

002 コルカタ
012 ブッダガヤ

【南インド - まちごとインド】

001 はじめてのタミルナードゥ
002 チェンナイ
003 カーンチプラム
004 マハーバリプラム
005 タンジャヴール
006 クンバコナムとカーヴェリー・デルタ
007 ティルチラパッリ
008 マドゥライ
009 ラーメシュワラム
010 カニャークマリ
021 はじめてのケーララ
022 ティルヴァナンタプラム
023 バックウォーター(コッラム〜アラップーザ)
024 コーチ(コーチン)
025 トリシュール

【ネパール - まちごとアジア】

001 はじめてのカトマンズ
002 カトマンズ
003 スワヤンブナート

004 パタン
005 バクタプル
006 ポカラ
007 ルンビニ
008 チトワン国立公園

【バングラデシュ - まちごとアジア】

001 はじめてのバングラデシュ
002 ダッカ
003 バゲルハット（クルナ）
004 シュンドルボン
005 プティア
006 モハスタン（ボグラ）
007 パハルプール

【パキスタン - まちごとアジア】

002 フンザ
003 ギルギット（KKH）
004 ラホール
005 ハラッパ
006 ムルタン

【イラン - まちごとアジア】

001 はじめてのイラン
002 テヘラン
003 イスファハン
004 シーラーズ
005 ペルセポリス
006 パサルガダエ（ナグシェ・ロスタム）
007 ヤズド
008 チョガ・ザンビル（アフヴァーズ）
009 タブリーズ

010 アルダビール

【北京 - まちごとチャイナ】

001 はじめての北京
002 故宮（天安門広場）
003 胡同と旧皇城
004 天壇と旧崇文区
005 瑠璃廠と旧宣武区
006 王府井と市街東部
007 北京動物園と市街西部
008 頤和園と西山
009 盧溝橋と周口店
010 万里の長城と明十三陵

【天津 - まちごとチャイナ】

001 はじめての天津
002 天津市街
003 浜海新区と市街南部
004 薊県と清東陵

【上海 - まちごとチャイナ】

001 はじめての上海
002 浦東新区
003 外灘と南京東路
004 淮海路と市街西部
005 虹口と市街北部
006 上海郊外（龍華・七宝・松江・嘉定）
007 水郷地帯（朱家角・周荘・同里・甪直）

【河北省 - まちごとチャイナ】

001 はじめての河北省
002 石家荘
003 秦皇島
004 承徳
005 張家口
006 保定
007 邯鄲

【江蘇省 - まちごとチャイナ】

001 はじめての江蘇省
002 はじめての蘇州
003 蘇州旧城
004 蘇州郊外と開発区
005 無錫
006 揚州
007 鎮江
008 はじめての南京
009 南京旧城
010 南京紫金山と下関
011 雨花台と南京郊外・開発区
012 徐州

【浙江省 - まちごとチャイナ】

001 はじめての浙江省
002 はじめての杭州
003 西湖と山林杭州
004 杭州旧城と開発区
005 紹興
006 はじめての寧波
007 寧波旧城
008 寧波郊外と開発区
009 普陀山
010 天台山
011 温州

【福建省 - まちごとチャイナ】

001 はじめての福建省
002 はじめての福州
003 福州旧城
004 福州郊外と開発区
005 武夷山
006 泉州
007 厦門
008 客家土楼

【広東省 - まちごとチャイナ】

001 はじめての広東省
002 はじめての広州
003 広州古城
004 天河と広州郊外
005 深圳（深セン）
006 東莞
007 開平（江門）
008 韶関
009 はじめての潮汕
010 潮州
011 汕頭

【遼寧省 - まちごとチャイナ】

001 はじめての遼寧省
002 はじめての大連
003 大連市街
004 旅順
005 金州新区

006 はじめての瀋陽
007 瀋陽故宮と旧市街
008 瀋陽駅と市街地
009 北陵と瀋陽郊外
010 撫順

【重慶 - まちごとチャイナ】

001 はじめての重慶
002 重慶市街
003 三峡下り（重慶〜宜昌）
004 大足

【香港 - まちごとチャイナ】

001 はじめての香港
002 中環と香港島北岸
003 上環と香港島南岸
004 尖沙咀と九龍市街
005 九龍城と九龍郊外
006 新界
007 ランタオ島と島嶼部

【マカオ - まちごとチャイナ】

001 はじめてのマカオ
002 セナド広場とマカオ中心部
003 媽閣廟とマカオ半島南部
004 東望洋山とマカオ半島北部
005 新口岸とタイパ・コロアン

【Juo-Mujin（電子書籍のみ）】

Juo-Mujin 香港縦横無尽
Juo-Mujin 北京縦横無尽
Juo-Mujin 上海縦横無尽

【自力旅游中国 Tabisuru CHINA】

001 バスに揺られて「自力で長城」
002 バスに揺られて「自力で石家荘」
003 バスに揺られて「自力で承徳」
004 船に揺られて「自力で普陀山」
005 バスに揺られて「自力で天台山」
006 バスに揺られて「自力で秦皇島」
007 バスに揺られて「自力で張家口」
008 バスに揺られて「自力で邯鄲」
009 バスに揺られて「自力で保定」
010 バスに揺られて「自力で清東陵」
011 バスに揺られて「自力で潮州」
012 バスに揺られて「自力で汕頭」
013 バスに揺られて「自力で温州」

【車輪はつばさ】
南インドのアイラヴァテシュワラ寺院には建築本体に車輪がついていて寺院に乗った神さまが人びとの想いを運ぶと言います。

・本書はオンデマンド印刷で作成されています。
・本書の内容に関するご意見、お問い合わせは、発行元のまちごとパブリッシング info@machigotopub.com までお願いします。

Tabisuru CHINA 009
バスに揺られて「自力で保定」
～自力旅游中国［モノクロノートブック版］

2017年11月14日　発行

著　者	「アジア城市（まち）案内」制作委員会
発行者	赤松　耕次
発行所	まちごとパブリッシング株式会社 〒181-0013　東京都三鷹市下連雀4-4-36 URL http://www.machigotopub.com/
発売元	株式会社デジタルパブリッシングサービス 〒162-0812　東京都新宿区西五軒町11-13 清水ビル3F
印刷・製本	株式会社デジタルパブリッシングサービス URL http://www.d-pub.co.jp/

MP179

ISBN978-4-86143-313-9 C0326　　　　Printed in Japan
本書の無断複製複写（コピー）は、著作権法上での例外を除き、禁じられています。